D1720408

Nathalie Schmid · Die Kindheit ist eine Libelle

Nathalie Schmid

Die Kindheit ist eine Libelle

Gedichte

Edition Isele

Leicht korrigierte Neuauflage der Ausgabe von 2005, die in der Lyrikedition 2000 (München) erschienen ist.

Alle Rechte vorbehalten
© Edition Klaus Isele · Eggingen 2024
ISBN 978-3-86142-647-9
www.klausisele.de
Umschlagfoto: Nathalie Schmid
Druck: BoD, Norderstedt

»Nachdem die Rehe den Winter gemeinsam verbracht haben, werden sie sich in den nächsten Tagen trennen.«

Jagd und Hege des Wildes
Pascal Durantel

1 ein schatten flattert

ein schatten flattert

das ist mein geheimnis
ich belle aber er geht nicht fort
denn er kann nicht fliegen nur schleichen
und von hinten
schwingt die tür auf und zu schwingt
sie wie ein ruf ein lock
ruf auf und zu   auf und zu

früh

ein toter igel
auf der strasse ist der dunklen
morgenstunde nicht entkommen
unter ihm ein gelber teppich
aus laub
manche tage beginnen in milch
andere in stahl und
auf dem wasser treibt
ein blatt wie eine geöffnete nussschale

die blätter strecken mir ihre unterseite
entgegen unruhig sie sind
flachgedrückt vom sommer heller
kommt ein windstoss bäumen sie
sich auf und neigen in den busch
ihre nacken stumm als wollten sie zeigen
was unter ihnen geschrieben steht als
wollten sie nur zeigen wie
der wind sie bewegt

maulwurf

diese tage werden eingehen im schwergrünen
atem des regens mit enten
die bremsen ihre füsse auf
welliger wasseroberfläche windgeplagt

am gegenüberliegenden ufer
tragen jungs fernrohre sitzen
auf ausgeleerten nussschalen
feucht im gesicht

plötzlich versteifte pfötchen
eines verschlammten maulwurfes
neben meinem knie versuche
mich nicht stören zu lassen

zwischen spatzen und hörnchen
spazieren familien in ordnung
den ältesten auf der schulter
an ihre räder gelehnt grinsen

die jungs hinüber als gehöre
ihnen der teich und ted hughes'
aufgeschlagene wörter blättern
im wind hin und her fallen

auf verklebte blüten fallen
brutal und arglos wie es
scheint nur in den büschen
murmelt es murmelt es

nabelschnur

nur mit der hand am hals
lässt es sich liegen. kehlpanik.
ausgeschöpfter atem von wo kommt
die furcht das reiben aus der zeit
des kerns der flutete sich vorstiess
fruchtige rakete

bis er zurückgeschnellt
nicht vor kam lasso am leib zäher zug

den es zu verlassen galt schnell

falterschlag

zerbrechlich ist es
das sage ich dir auch
wenn hinten im auto die kinder
schlafen kleine amseln
im nest zerbrechlich
ist es und um deine
mundwinkel zuckt ein
weiterer frühling ein weiterer
schneefall die hände
immerzu beschäftigt im
kopf ein feld bespielt
einen falterschlag lang
gehören wir einander
für mehr ist es nicht
gedacht zerbrechlich

revier

in manchen nächten über
den hügelzügen lebt es
weiter diese esel auf den weiden
die traktoren auf den strassen
in der stille wo ist süden
wo wirst du nie wieder
dasselbe finden dachse
müssen in die felder
und es graben wildschweine
mais wenn die sonne aufgeht
streicht sich da und dort einer
über die stirn alles beginnt
von vorn bis die eine hand
inne hält bis
das wild austritt
unauffindbar wird

unzerzaust und taumelnd

zum kindergarten gleiten wir über eis
und gras mit hundescheisse und von amseln
zerpflückten regenwürmern überm gehweg
ein altes paar winkt ihre münder schief

in meiner erinnerung stinken nicht die hunde
in meiner erinnerung lässt sie meine hand
kurz los die fällt holt auf und gleitet
wieder ab zwischen dem dünnen gras

und der strasse sage ich ihr du
wolltest mich nicht was wolltest du
überhaupt was für ein anderes bild wir
heute abgeben unzerzaust und taumelnd

einkaufen in oberfrick

katharina vor dem blumenladen

zieht die lippen zu aprikosen
ihre haut ist verfleckt
von geburten sonnen und tagen
prüft das haar
im spiegelbild die rosen
um mit hoch erhobenem kinn
einen fuss über der schwelle

süss zu lächeln

und die damen fragen
wie es denn den töchtern geht den tollen
und katharina tut
als gäbs nichts besseres

als diese eine orchidee

am springbrunnen versetzt

joghurt wird zu weissem staub
an meinem finger die wespen
suchen auch auf metall unersättlich
während im rauschen der bäume sich
zu erhängen versucht dieser sommer
nur dieses eine mal und ich mess mir
die hüften ab vom joghurt verschluckt
zuckert elfenbeinfarben eine fleischfliege
meinen zarten arm entlang hast du
hingehört hast du geglaubt vierblättriger
klee wächst in den mulden nur

arosa oder aussen die schokoladenseite

innen brüchig oder eher hauchdünn
das geklatsche einer krähe vielleicht
auf sommersprossen aus
wie wir alle
hüfthoch steigt das eis geteilt
zwischen uns die kalte luft es schneit wieder
pralinen formen sich aufgebrochene
nüsse am eichhornweg
braune nadeln eine sekunde
könnte es so bleiben für immer
so bleiben
bis die leuchtschrift auf eden fällt
dunkelheit über dem hotelkomplex
in der phantasie die segel
jetzt stehen die berge im nebel
die waldwiese nur zu fuss
erreichbar was sind das für träume
niemals von der wolga

jodlerabend

die grossmutter kann nicht schlafen
und unten in der stube fällt regen
ins ticken der uhr sie steht
am fenster die fingerkuppen verhaken
sich in den gardinen in die

ausziehende nacht schlägt es ich bin
fünf vielleicht ich bitte um ein glas
milch auf den saum unserer nachthemden
fällt gelb das licht und spiegelt zurück
die strassenlaternen den nebel

ein falter verirrt sich wie wir
warten von weit her der grossvater noch
in der tracht schlaufen stolpert
etwas heller zwischen dem regen
und torkelnd an der leeren hutkrempe

die dorfstrasse abwischt sie bringt mich
zurück ins bett unter die schwere decke
betet noch einmal von vorn und unten
geht die stubentür mit dem schlagen der uhr
und der pochenden wärme des ofens

wildleder

ich werde dir beweisen werde mehr
sein als wildleder mehr
als ein fuchsschwanz am kalten hals
als ein vorhang aus seide nenn mich
naiv nenn mich dumm niemand
sieht den rücken des mondes

ich versichere dir deine vorstellung
flickt mir nicht die jeans ich kämme
mir für die tanten nicht die haare
mein feld ist aufgebrachter als
dein acker wenn du aufblickst
siehst du ich verblasse genau

wie jeder andere stern am gebälk
aber dein zwilling bin ich nicht
verborgen unter deiner haut du
schluckst mich nicht und bringst
mich durch die schleuse jahrhunderte
alter bräuche wildleder

2   die kindheit ist eine libelle

die kindheit ist eine libelle

sie schwirrt um den teich im garten
wenn es schnee hat hackt sie eis bis man die fische wieder
atmen sieht für das kind
das kind hat es auch einen namen
es heisst lisabelle

und wie punkte im schnee
fallen die buchstaben wie krähenfüsse
im himmel schwarz und deutlich
sie kann jetzt lesen endlich kann sie lesen
immer wieder am meisten ihren namen

ins bikinikörbchen

ein weisser falter flog beinahe
ins bikinikörbchen beinahe in
den halb geöffneten mund du möchtest
bloss keine flügel verschlucken
kein dünnes rückgrat dieser weisse
staub oder fühler in dir drin
womöglich noch mit augen

abendruh

die kinder schlafen
in ihren zimmern es dämmert
streifen an die wand
alles scheint in ordnung
die krähen schweigen die
nachbarn hören mit dem rauchen
auf der zug hält behutsam
fährt leise in die ferne

die insekten fliegen wieder
tief in der nacht in die
träume unserer tochter
deren erster schrei gefolgt
vom waldkauz die unruhe
zurückbringt wie ein
fallengelassener kiesel
auf grund schlägt

ich kann dich schon warnen

krebse magst du nicht aber
ihr rückzug ist besser als
jeder angriff ihre front härter

ich kann dich schon warnen
ich hab haare an der falschen
stelle und lust musst du haben

liegst du im fieber verqualmt
rote abendsonne bin ich
eine schlechte mutter

ich weiche deine narben
nicht auf und deine flügel
wachsen nicht an mir

pass auf wenn du fortgehst
graben sich im sand dunkle löcher
unter unserem zelt liegen schalen

ich kann dich schon warnen
springböcke sind schneller vom fleck
als sie das ziel wiederfinden

also zieh die leine lang
halte dich geschultert
spähe in die steppe

neujahr

von der verschneiten strasse
tönen neujahrsrufe schreckhaft
bis unter den balkon dein atem
in meinem rücken als bewohntest
du eine höhle das kissen zusammen
gerollt wie ein tier
der see taut auch in diesen
letzten nächten keine eulen
nur das zu erwartende feuerwerk

sollen wir uns besinnen während
unser kind auf dem spielbrett
das zählen übt sie wärmen
die strudel die süssen krapfen
wir werden es nicht wissen
nicht voraussehen auch aus
der tischbombe nicht lesen
der schnee glitzert und
unsere fenster sind feucht

ernte 1982

in der mitte des sommers drehte das huhn
zwischen den kirschbäumen mit allen verwandten

ihre hände umschlangen nasse gläser
wir kinder kicherten und rannten

ganz barfuss alles war grün

auf dem brunnengrund lag kalt der saft
und für jeden wunsch ein franken

an abgepflückten ästen lehnten leitern
etwas schräg und ganz erlöst

ich glaube niemand von all den verwandten

im mund die weissen schenkel
das ohr mit kirschen behangen

sah über den glühenden hügeln wie
die sommerkirschen zu schnaps verbrannten

im dunst der kräuter

wenn du am herd standest im dunst
der kräuter geschütz aufgefahren
ausgebreitet vor dir hab ich
mit vorliebe gewagt zu

beichten die erste regel der kuss
mit dem mädchen im heu und ihre brüste

dort hattest du mit gewissheit
am meisten verständnis der teil
deiner aufmerksamkeit mit dem du
sonst nicht wusstest wohin

der sich auf mich richten
konnte wie ein geschoss

blieb aufgehoben im curry
hühnchen im tomatensalat
in den gefleckten servietten
auf unseren schössen

schwester

etwas zersplittertes deine milchstrasse
ein pferd auf einem stück wüste und
du gütig wie der mond rupfst dir
die kleinen weissen blätter in den fragen
einzeln und langsam aus
hustest hörst hin heller wird es
nur unterm eis etwas unantastbares
deine angst wie ein reh morgens austritt
der mohn noch dunkel und zu

schilf brechen

in der nacht brichst du schilf
auf alten mayawegen im rücken
fremde tiere zu deinen füssen
entblösste nacken hinter dir
truppen im zweistromland trommeln

jede nacht liegst du an frankreichs
stränden kleine weisse federn auf
deinem gesicht die tarnanzüge waren
gefüllt mit daunen weggetragen von
der meeresströmung

im schwarzweiss deiner erinnerung
einzelne tropfen wasser unangetastet
im ersten schnee

wie hast du es bloss geschafft
zurückzukommen autos zu reparieren
deine hand in mein haar zu legen
waldränder zu finden gräser
dir eine solche burg zu bauen?

in der morgendämmerung streifst du
meinen arm atmest einmal aus bevor
die tür zum licht fällt bevor ich
ans fenster renne der tag die erste
wolke bricht

von weitem sehe ich deinen zug
vorfahren und wie du das trittbrett
suchst mit dem zirpen der vögel
lege ich noch einmal deinen schatten
ins bett er wird schnell kalt später

wirst du anrufen dem kind gratulieren
sagen wann du kommst es bleiben
noch ein paar stunden bis die nacht
dich zurück braucht in ein reich
endlos im krieg

konfetti

aufgewirbelt über der eisfläche fallen
die konfetti über das haar der kinder
auf die schaukel in den sandkasten in
die ohren der katze der himmel ist grau
die alte liebe eben abgefahren im opel
astra rostrot mit zwei verkrümelten
sitzen und grauerem haar aber er lacht
noch genauso sieht hin und lacht und
die hände wir würden auch im sommer
mit ein paar flecken mehr auf der haut
mit noch weniger zeit mit einem himmel
als spiegelte er sich im stahl
in der schaukel im sandkasten
aber jetzt ist winter wir suchen
blumen unterm eis alte fotos dort
sind wir runder im gesicht weniger
müde oder irgendwo in mexico
am strand mit fischen in der hand
mit glasigen krebsen
wir lernen den kindern das würfeln
und verlieren auf decken am boden
den faden und ordnen die karten
immer wieder neu

gabe

es schien als brächtest du
licht und blumen aus eis
als käme die luft von tausend
meter über dem meer
und die nächte könnten
dunkel bleiben für einen
der von ruhe spricht und
dem grund für ein schiff
auf dem fluss für einen
fahrenden wagen und dass
jeder allein ist mit sich
und ungeborgen

heimwärts

auf dem schoss apfelkerne
zwischen den fingerkuppen der
schnippische rest dreck unterm
zug gelbe helme die in sumpfige
pfützen löcher graben wer hat
fragt das kleine mädchen im netz
den ersten menschen gemacht sagst
etwas von pflanzen mineralien
und tieren während draussen
die hochhäuser flimmern zwischen
drähten am himmel ganz einfach
alles unetikettiert taktlos lose
nur ein bisschen staub steigt
auf die grenzen und du rückst
über die brücke heimwärts zu

3 die uhr tickt über dem peacezeichen

die uhr tickt über dem peacezeichen

laut tickt sie bis die dominosteine fallen
die klirren und stolpern über den gartenweg
über einen brummenden mistkäfer hinein
in die kleinen löcher
auf dem weg willkommen

bloss
mein ruder hat sich in den hecken verhakt
der mond bröckelt langsam und unter den steinen
sind asseln so viele viele
asseln

in die weide

wie über den rücken der schafe
sich schwarz die nacht hoch hebt
im traum mich der bock noch immer
gegen den maschendrahtzaun rammt

seine stirn flach und hart
wie buchenholz wie stur
muss man sein schiesst es mir
durch den kopf bevor ich beginne

zu schreien eingekeilt kein
entkommen keine bewegung nach vorn
nur das dumpfe drücken und pochen
einer wilden tierstirn im bauch

von drüben seh ich den vater rennen
arme fuchtelnd weit auf das maul
auf der weide ist es still jetzt nur
in den kirschbäumen knackts und in mir drin

verlorene schätze

vater ich habe den hund umgebracht
hab ihn zu früh rausgelassen er sollte
die süsse des frühlings spüren unentwegt
hat er gebellt hat den seetang
verwechselt mit der kurve des tales

vater vielleicht mit etwas respekt
kommt ein engel schneller und heisser
segnet die wolken die im laufe des
jahrhunderts verlorenen schätze
bevor er auch uns verschwinden lässt

in diesem frühling in diesem fieber
hab ich den hund umgebracht vater
unentwegt hat er gebellt
die wahrheit liegt irgendwo zwischen
dem ersten und dreissigsten jahr

amtlich

brich schon brich
dieses versprechen aus der steinzeit
mit gesäumten irrtümern überall
am weg ich find schon raus

brich endlich den vertrag auf
ewigkeit und angenehme rente
wir fallen alle aus der form
kein diamant kein schütteln

schützt dich vor den haken an den fersen
wenn du kälter und feuchtigkeit verlierend
den schutzmantel überstreifst dir regen
in den kragen fällt auf die hochgekrempelten

hemdsärmel auf den guten mut
so ein saurer apfel du wirst nie
schön finden was aus der form fällt
und nicht bereit ist die form zu halten

dorfballett

zu dick für den spagat aber lachend
den mund offen manchmal betend maria
ich will wie alle sein eine blüte
auf dem wasser selbstredend
sich selber interviews gebend

die flügeldecken silbern
mit einer hoffnung auf gute
oberfläche gekörnt genarbt
gefurcht ohne dellen oder
aufwölbungen in den maisfeldern barfuss

zu nah am boden für weitsprung
schnelllauf hochsprung ein relief
aus angst aus breiten und schmalen
querbändern hoher lerchensporn
der auch anders blühen kann noch
blüht er kaum er säumt den rasen

mit jedem jahr wächst ein neuer
ring aus holz wie eine strömung
treibt es käferchen fort kleine mädchen

und über den hügelzügen senkt sich
glockig die vergangenheit das bild
der gemeinde violetter hauch überm
einfamilienhaus entlässt in die täler
fliehende pferde sich im staub
zurückdrehende ballerinas

vaters freizeit

am trägerleibchen stacheln
die grashaare von hinten
schweissbestaubt den rasenmäher
durch die geflockte luft

eigentlich ist es zu laut
um was zu sagen eigentlich
verstopfen die löwenzahn
besen die nasen

die rösti von gestern wirft er
in den trinktrog der esel
aus versehen in der pause
giesst er öl auf und drückt

sich ein eis direkt
in den mund gegen
diese schleimige
leimige spur des sommers

jorinde und jorinde

am wirbelnden blättertag als werner starb
und uns zwei aras hinterliess in einem
hölzernen käfig und fürs schatzkästchen
die roten und grünen federn glühten wir

noch unterm feuerberg und auf ihm glühten
die verrückten schwestern mit flammen im haar
und turnschuhen schwarz befleckt wir sahen
sie nach der schule im traum ganz tonlos

neben unserem käfig stehn sie gehörten
zu den schleiereulen flogen um
im kreis mit rot glühenden augen schu
hu hu hu lachten uns kreischend aus

wir konnten die aras mit kirschen
zum singen bringen unterm ahorn im
gras die sonne noch halb überm berg
halb schon untergegangen sie sangen

zicküth zicküth zicküth und blieben
verschwunden weit über der kuppe
des waldes sahen wir zwei schwestern
kopf an kopf auf den tieren reiten

kohle

zerrissene lampione an den bäumen
abgebrochene kochlöffel riesendurst
ist alles nicht schlimm nicht so
störanfällig wie mein grund aus
sand und unter dem sand löcher
in die er fortrutscht bei der ersten
kleinen wolke pechrabenschwarz
das sind die wespen die
fressen stück für stück
das herz aus unserem zuhause

im zug

im schlaf ziehen die felder aus
der bauch ist voll mit brot und
bananen gelbe brandspur
wo der mäher durchfuhr

kleine herden schafe folgen
kleinen herden kälbern zwischen
backsteinhäusern gehen gartenzwerge
die mützen auf einem baumstrunk
auf und ab jetzt regnets dahlien

in meinem mund eine gummizunge
in der tasche ein saurer
zweifarbener schlüssel
mangelnde leichtigkeit
im sinne von funkeln

tischgebet

in einem leeren kristallglas
welken blumen
königinnen vergangener tage
die zeit streift alles ab
grossmütige sterbliche

eine bank abgesetzter frauen
augen geschlossen versteinert
ein nordlicht zieht vorüber
wir sind alt schätze
und misthaufen nebeneinander

silbern die lage

wieso so zittrig halte das mädchen
fester im arm und verlasse den raum

die cappuccinosahne der milchschaum
läuft dir schon die kniekehle runter

im inneren ohr knistert's du stolperst
auf die strasse luftiger platz

voller ecken an denen triffst du
einen kopfstein weiter auf vortritt

langsamer raste wieder langsam
nicht mehr schüttelig und brach

die fingerspitzen kleine kiesel
im bauch der ammonit

zahnendes baby

zum fünften mal immer dann
wenn du den kanarienvogel beinahe
fest in deiner hand hältst im
träumerischen dunkel weint
das kind aufs leergeschälte kissen
im moment kalte beine
eilst du hin wirfst es dir
in die arme stopfst den schnuller
wieder rein deine mechanische kipp
bewegung des oberkörpers im fenster
die nacht das mobile steht still
beschwörungsformeln fallen dir von
den lippen platschen auf das kleine
gesicht die augen weit auf
das weisse stückchen zahn
einen millimeter weiter was
fragst du dumpf machst du
mit den zu früh zu ende
gebrachten jahren

vater in losone

zwischen rotem samt zackenreste
alte schaukelpferde spendieren dir
kurz vor mitternacht einen bourbon
bis du schritt für schritt den gang
entlang deine finger zählst
hast heute wieder kein wort
von den lippen gebracht
hast fisch verstochen die enkel
kurz geschaukelt deine zimmer
nummer rückwärts gedreht hast
einen tag mehr auf dich genommen
als gingen die fackeln
im vielen wind nie aus als
hielten sie sich für immer in
deinem garten auf und ohne ein
weiteres wort nimmt dich das bett
auf wie ein sarg im rückanflug

siedler

regen wischt ihnen
die verschmierten münder fort
der frisch gekaufte bop leuchtet
mit neujahrsschnee unter den pfoten
bleibt die katze im leiterwagen
liegen sieht mit schirmen
schlagen die kleinen mädchen
aufeinander ein heulen verschluckt
unter tannen die väter kommen spät
wischen erdnusshüllen vom tisch
in das haar der mütter fallen
lichtgirlanden zucken
um ihre münder um die falten
lösen sich am boden
mit dem angekauten keks langsam
auf alle sitzen vor ausgeblasenen
tischbomben in den nachrichten
begreifen sie die welt noch nicht
und malen sich aus unter anderem
rot den mars

hausfrau in brand

langsam gehen die gladiolen auf
ja kreist nur ihr fruchtfliegen
kreist um das geschirr in der spüle
und um meinen rocksaum auch

die staubfedern lasse ich liegen
in den ecken brennt es nicht
und die tassen schlafen und wiegen
kaum mehr als ein gegenlicht

ich ich muss heute lesen
muss im augenblick
ein stück vergessen suchen
um ganz neu und unbekannt

dem feuer zu erliegen

fast zu warm

du hast sorgsam die stirn
lampe an die türklinke
gehängt und einen kleinen
spalt noch aufgelassen
denn ich komme spät
verraucht und die wimpern
tusche über den wangen
zerstreut ist die bett
decke fast zu warm
für mich eindringling
während ich mich
an deinen rücken
klebe seufzst du leise
im schlaf machst du
den rücken breit im traum
kann ich dich atmen
hören am morgen weisst
du nichts mehr davon
und nicht wo du
gewesen bist und ich
auch nicht wo

tochter

tausendmal reicht es aus
ich kenne die regeln werde
dir nicht folgen über silberne
hügel durch solarfelder nicht rennen
verblassende bälle in den händen
tausendmal deinen namen rufen
wenn es scheint du treibst im frühling
im bachnassen wirrwarr der ersten blüten
im vom wind geriffelten wasser fort
halte ich auf dem handteller
ein paar orangen mädchen

mutters legende grace

mit vornehmer distanz wollte sie
für ihren vater von bedeutung sein
im gegensatz zu ihrem vater war sie
mehr eine künstlernatur versprühte
mal eleganz mal insektenmittel
ein neuer formtyp grace
hat eine schwäche für vaterfiguren bringt
diese aus dem gleichgewicht wenn
das brave mädchen plötzlich im nachthemd
und das war diese art von heldin
ich brauche damen die im schlafzimmer
zu nutten werden

man hält an sich mit disziplin
wird es möglich einen leibhaftigen
fürsten für den vater wie gross
ist monaco? 4 schrankkoffer 56 weitere
gepäckstücke 72 verwandte freunde
und 110 journalisten
hat sie besondere gedanken
wenn sie ihre heimat verlässt?
sie muss viele qualitäten haben
weil er einen fürchterlichen charakter hat

überflüssig und unterbeschäftigt
und einfach kein glücksgefühl mehr
fällt zur staatskrise das comeback aus
bleiben gepresste blumen einer liebenden
aber strengen mutter
auf bettwäsche und tapeten

es gab keinen grund für diesen unfall
es gab den ersten trauergottesdienst
für eine frau der im fernsehen
übertragen worden ist

alte nüsse

bananen liegen bereit und kürbisse
die geschenke der mütter
tonnenweise getrocknete pfefferminz
oder vanillekerzen sähmig opulent
du stapelst im schlafzimmer die
mit wachs übergossenen rosen und
hältst dich wieder vermehrt draussen
auf suchst ein feld einen fuchsbau
vielleicht scheuchen dir die pflanzen
deine erkältung dein chronisches
halsweh vielleicht fliehen die maden
den motten vertrocknen die eier
in deinem geschirrkasten würden
baumnüsse nicht alt und du nimmst
und du gibst vielleicht etwas weniger

4   die tiere die ich sehe sind schnell benannt

die tiere die ich sehe sind schnell benannt

da kommt wieder die libelle
ihr flügelschlag brummt
ihr schatten flattert
sie kann mir nicht helfen sie ist nur
all das was ist

telefonat mit mutter

dein schweigen galoppiert
über die hügel hinterm haus
bis hoch zum waldrand
und zurück zur (abblätternden)
farbe deiner nägel

du sagst ja und aha
ich stelle schnell eine frage
um dich wieder zu beschäftigen
gähnend kühl ganz klar

(ich höre wie du mit einem wischlappen
die möbel polierst)

du willst mich nicht
stören du wolltest nur hören
ob es gut geht ob ich gesund
esse du bist sparsam
und wartest so reiben
die wörter wie sand
körner zwischen den zehen
in socken gestopft
traurig und schwarz

gib mir was du hast
und wenn es ein wackliges
schweigen ist in einem boot
ohne steg in welches
ich mich lege wie rohe eier
in den karton zur wiege

living jewels

lag auch in den grassteppen den
hinterhöfen speisekammern ein letztes
stück heftpflaster für die kinder
schwiegen aus ihren amazonasbecken
die mütter grossartig über das
warum sie hätten auch nein sagen
können alptraumtauglich und frei
hätten wirbellose wesen zurück
scheuchen können in die antarktis
tropenwälder mischwälder subarktische
nadelwälder in ihren irisierenden
farben und weissen hüllen wären sie
ausgeflogen federflügler ohne ziel

die geologie der flussauen

als der wind sich an der stechpalme versuchte
hätte er nicht gedacht dass noch so eine
blöde weibergeschichte kommt sie nennen sie
die aubergine diese farbe ihre sätze
komm wir gehen kuchen holen
müssen sie auch einen haben
hat er erklärt warum er rilke liest

als das sonnenlicht so viel schräger
einfiel bewundernswert pünktlich übrigens
hielt er nichts mehr für unmöglich
sie hielt ihm hin und wieder ein lungenkraut
zu eine zierde ihres waldes sie
glitten in eine häufige lebensform
speicherten reservestoffe

noch vor der laubentfaltung der bäume
glitten sie ab
fanden zurück in ihre früheren formen
senkten ihre temperatur und vergassen
woher ihre beachtliche grösse
einst kam die sehschwäche
ausgebeulte form des mundes

nirgendwo nirvana

hast dir einen wirbel einschwingen
lassen die zeit gleisst aus dünnen
rissen du blickst ins farn
auf die flüsse die rissigen reliefe
aus angst sind jetzt kugelfest

was dir das licht nimmt wendest du
innwärts an deinem rücken strömt es
wieder aus findest auf deinen bildern
die kindheit noch einmal ein nachspann
wortlos ohne körperbildung

ein vorbestimmter ort

verflogen

wie zittrig dieses pfauenauge sich nicht
auf dem sims beruhigt und nicht auf meiner
hand nicht stillhält diese bebenden flügel
ganz ausser sich in den glassscheiben
den ecken der wand nichts findet wie wir
ringen und ich es beschwöre und mit einer
stimme voll von luft alle türen öffne alle
fenster jedes loch hier bis sie endlich
mit zischendem atem über den balkon in
die kastanienblätter in das geräusch
der strassenputzmaschine entweicht

millionen jahre

im sand trifft meine hand
auf haare während erste wespen
kreisen und die letzten startversuche
auf dem wasser scheitern reiben
die kieselsteine zwischen den körnern
unsere partikel ab und unter uns
bebt es und keuchts und wir fürchten
das altern die millionen teilchen die
wir werden tief auf dem grund grinsen
die knochen die haifische die wale
dieses ganze haarlose getier

abendbrot

krähen sagst du hüpfen nicht
sie galoppieren mir bleibt die
rösti stecken im hals obwohl
du viel butter genommen hast
und die kartoffeln vom vorabend

im winkel deines auges schwimmt
besoffen eine mücke gleitet in
die dunkle luft der wohnung eigentlich
wolltest du den rasen mähen aber direkt
vor deinem kinn ist ein sommergewitter

aufgezogen du steckst es in die tasche
schickst meine pferde auf den acker
die wiehern nur leise wollten doch
zeigen wo die krähen mich
verfolgt haben gestern

herbrig

bevor die weissen geranien welken
und die wehmut einkehrt
solange alles noch steht
muss ich es preisen

bevor jemand am betonkreuz
auf dem hügel jesus abmontiert
im regen zwischen linden und
schafen hängt er gut

sieht verkehrsschilder kommen
und gehen erste augustfeuer
massen kleiner mädchen auf dem weg
ins schwimmbad

bevor im keller der eltern
keine schachteln mehr stehn
und sie müde den garten ausräumen
muss ich noch einmal

mit den haflingern die auffahrt
nehmen mich mahnen: verlier zum tor
die fernbedienung nicht und nenn
den hund der nachbarn elvis

vaters mutter

auf der laube hast du geranien gelassen
der wind sucht dich im zerfressenen holz
reste vergilbter zeichnungen schiffsmaste gehalten
von einem reisnagel man sieht in den garten
über die johannisbeersträucher grellrot kariert
deine schürze dein teigboden dünn deine adern
hellblaue bänder über den händen

ich habe dir vorgegaukelt ich könne englisch
du hast nur gestaunt das haus steht nicht mehr
der flur die fahrradwege im gras
ob ich dich einmal wiedersehe dein farn
dein farniges haar wann hast du das bein
verloren dein auge ich habe nichts bemerkt

ich trinke aus zwei gläsern wasser
auf dem boden liegen blaue streifen
alles was ich kann die worte
nach aussen lassen anrufen wenn mir danach ist
dich besuchen und dir immer wieder sagen
mein wohnort heisst mein mädchen mein mann
vielleicht werden wir einmal tauschen

ablösung

was sind das für flecken diese stücke im grau?
wie kieselsteine säumen sie den weg der erinnerung
ein rockzipfel ein eis erdbeer am liebsten
mama kriege ich heute
ein eis? ich konnte immer essen

im juli lag schnee als ich gross werden wollte

schau nicht raus hat meine mutter gesagt
schau nicht aus dem fenster
ich habe erst recht geschaut
und erst recht alles ganz schwer genommen

nichts leicht nehmen ist nicht die wahrheit,
meine mutter ist nicht die wahrheit mit ihrem
lachen ihrem schweigen diesem blick

meine schwester hat den rat der mutter befolgt
sie hat goldenes haar tanzt und findet
immer noch zuflucht zu hause
mir ist es ein greuel

ich erinnere mich vor allem an das schöne
und ich habe immerzu ein schlechtes gewissen
für alles was ich tue und für alles was ich unterlasse

du warst mir immer zuviel hat meine mutter gesagt
aber ich schenke dir meinen seidenschal ich fahre dich
nach hause
ich hole dich vom nachtbus ab
vorbei am haus der grossmutter den bauernhof

an den einzigen sohn vergeben der löst ihn
auf vieh für vieh werdens immer weniger
kein muhen mehr kein melkgeschirr
und schlafen bis um acht

meine mutter ruft mich niemals an
sie fürchtet mir zuviel zu sein
ich muss jetzt mein eigenes leben leben
aber wie geht das wenn im dickicht
die silben lauern und warten

bis etwas mit ihnen geschieht

krumen

du sagst du weisst nicht mehr
ob es dein traum war oder meiner
am bettende mit noch nassem haar
stülpst du das licht in deine
tasche und zuckst die schultern

auf dem tisch liegen krumen und
der rest vom satz die tür ist noch
auf der müll schon raus so beginnt
der tag ohne naht

Inhalt

Über die Autorin

NATHALIE SCHMID, geboren 1974 in Aarau. Reiste nach der Matura durch Nord- und Zentralamerika. Besuchte eine Bergbauernschule und absolvierte das Studium am Deutschen Literatur Institut in Leipzig. Lehrerin mit Sekundarschul-Patent. Erwachsenen-Bildnerin. Mehrere Buchveröffentlichungen, zuletzt: »Gletscherstück« (Gedichte) Zürich, 2019, »Lass es gut sein« (Roman) Zürich, 2023